Printed in Poland
by Amazon Fulfillment
Poland Sp. z o.o., Wrocław

76652490R00066

Printed in Poland
by Amazon Fulfillment
Poland Sp. z o.o., Wrocław

76652490R00066